I0695765

-Mindfulness e meditazione
-Esercizio fisico
-Gestione del tempo e pianificazione
-Tecniche di rilassamento
-Stabilire limiti
-Creare una routine di sonno
-Connettersi con gli altri
-Focus sulle soluzioni
-Praticare la gratitudine

CONCLUSIONE

INTRODUZIONE

La psicologia del pensiero eccessivo, detta anche ruminazione, è un processo mentale caratterizzato da pensieri ripetitivi e ossessivi su situazioni passate, problemi irrisolti e preoccupazioni future, un fenomeno comune ma spesso trascurato. Sebbene tutti possano trovarsi a ripensare a eventi passati o a preoccuparsi per il futuro, la ruminazione cronica può portare a una serie di problemi emotivi, cognitivi e comportamentali che possono compromettere significativamente la qualità della vita.

Il pensiero eccessivo può essere dannoso per la nostra salute mentale e il nostro benessere generale. Uno dei problemi principali legati ad esso è l'aumento del rischio di sviluppare disturbi dell'umore come la depressione e l'ansia. Quando ci concentriamo costantemente su pensieri negativi, il nostro umore si abbassa e la nostra autostima diminuisce. Può anche ostacolare la nostra capacità di risolvere problemi e prendere decisioni efficaci, poiché ci impedisce di pensare in modo chiaro e obiettivo.

Inoltre, può portare a problemi di relazione interpersonale, poiché le persone che ne soffrono spesso possono apparire distaccate o preoccupate e possono avere difficoltà a comunicare apertamente con gli altri. Per di più, può avere effetti negativi sulla nostra salute fisica, poiché lo stress cronico associato alla ruminazione può indebolire il sistema immunitario e aumentare il rischio di malattie cardiovascolari e altri problemi di salute.

Le cause di questo disturbo sono molteplici e possono includere fattori genetici, ambientali e psicologici. Alcuni individui possono essere geneticamente predisposti al pensiero eccessivo, mentre altri possono svilupparlo in risposta a eventi stressanti o traumi. Inoltre, alcune persone possono esserne più inclini a causa di tratti di personalità come il perfezionismo o la tendenza a preoccuparsi eccessivamente.
Fattori ambientali, come lo stress cronico sul lavoro o in famiglia, possono anche contribuire allo sviluppo di tale problema. Infine, i disturbi dell'umore come la depressione e l'ansia possono portare a una maggiore ruminazione, creando un circolo vizioso in cui i pensieri negativi alimentano il disturbo dell'umore, che a sua volta alimenta ulteriori pensieri negativi.
Fortunatamente, esistono diverse strategie efficaci per combatterla e ridurne gli effetti negativi sulla nostra vita. Alcune di queste strategie includono:

Mindfulness: La pratica della mindfulness, o consapevolezza, può aiutare a ridurre la ruminazione, poiché ci insegna a concentrarci sul presente e ad accettare i nostri pensieri e sentimenti senza giudizio. La meditazione guidata, la respirazione consapevole e le tecniche di scansione corporea sono alcuni esempi di pratiche di mindfulness che possono aiutare a interrompere il ciclo della ruminazione.

Terapia cognitivo-comportamentale (TCC): La TCC è un tipo di terapia che si concentra sull'identificazione e la modifica di schemi di pensiero e comportamento disfunzionali. Nella TCC, i terapeuti lavorano con i pazienti per identificare i pensieri negativi e irrazionali alla base della ruminazione e sostituirli con pensieri più equilibrati e realistici.

Scrittura riflessiva: Scrivere regolarmente in un diario o in un quaderno può aiutare a ridurre il problema, permettendo di esprimere e organizzare i propri pensieri e sentimenti. La scrittura riflessiva può anche aiutare a sviluppare una maggiore consapevolezza dei propri schemi di pensiero e a identificare le aree in cui è possibile apportare cambiamenti positivi.

Supporto sociale: Condividere i propri pensieri e preoccupazioni con amici, familiari o professionisti della salute mentale può offrire una prospettiva esterna e un sostegno emotivo nel combattere la ruminazione. Parlare delle proprie preoccupazioni può aiutare a ridurre l'isolamento e a normalizzare le esperienze emotive.

Attività fisica: L'esercizio fisico può aiutare a ridurre lo stress e migliorare l'umore.
Attività come camminare, correre, andare in bicicletta, praticare yoga, o anche sport da combattimento come la boxe, per esempio, possono essere particolarmente utili nel combattere i pensieri ossessivi e promuovere il benessere generale.

Gestione del tempo e pianificazione: Imparare a gestire il proprio tempo in modo efficace e a stabilire obiettivi realistici può aiutare a ridurre la ruminazione, poiché ci permette di concentrarci su azioni concrete invece di preoccuparci costantemente del passato o del futuro. Creare una routine quotidiana e pianificare il tempo per attività piacevoli e rilassanti può contribuire a promuovere un equilibrio tra lavoro e vita personale e a ridurre il pensiero eccessivo.

In sintesi, la ruminazione è un processo mentale comune che può portare a una serie di problemi emotivi, cognitivi e comportamentali se diventa cronica. Comprenderne le cause e adottare strategie efficaci per combatterla, può aiutare a ridurne gli effetti negativi sulla nostra vita e migliorare il nostro benessere generale. In questo libro, approfondiremo ulteriormente questi argomenti e forniremo una guida dettagliata per aiutarti a liberare la tua mente dalla ruminazione e vivere una vita più felice e soddisfacente.

CAPITOLO 1

Caratteristiche del pensiero eccessivo

Il pensiero eccessivo, noto anche come "overthinking", è un processo mentale in cui una persona si perde in un labirinto di pensieri, analisi e preoccupazioni riguardo a situazioni, problemi o decisioni. Sebbene sia naturale riflettere sulle nostre esperienze e sulle scelte che dobbiamo prendere, il pensiero eccessivo può diventare un ostacolo alla nostra capacità di vivere una vita equilibrata e soddisfacente. In questo capitolo, esploreremo le caratteristiche di questo problema, come si differenzia dalla normale riflessione e quali sono i suoi effetti sulla nostra salute mentale e sul nostro benessere.

Focalizzazione su dettagli irrilevanti: Una caratteristica chiave del pensiero eccessivo è la tendenza a focalizzarsi su dettagli minori o irrilevanti, spesso a scapito di una visione più ampia della situazione. Questo può portare a una distorsione della realtà e a una preoccupazione ingiustificata per aspetti che potrebbero non avere un impatto significativo sul risultato finale.

Ripetitività e ossessione: Il pensiero eccessivo è spesso caratterizzato da pensieri ripetitivi e ossessivi che si manifestano come un "loop" mentale. Questo ciclo di pensieri può essere difficile da interrompere e può portare a una maggiore ansia e stress. Inoltre, la ripetizione di questi pensieri può impedire alle persone di concentrarsi sul presente e di godersi i momenti di piacere e relax.

Quando si è presi dal pensiero eccessivo, è comune rimuginare su situazioni o problemi passati, presenti e futuri in modo ripetitivo e ossessivo, il che può amplificare il disagio emotivo e ostacolare la capacità di trovare soluzioni efficaci.

La ripetitività si manifesta quando una persona continua a ripercorrere gli stessi pensieri o preoccupazioni nella mente, senza arrivare a una conclusione o a una risoluzione. Ciò può portare a un'escalation di ansia e a un senso di impotenza, dato che il pensiero ripetitivo non offre nuove prospettive o soluzioni ai problemi. Inoltre, questa ripetitività può contribuire a rafforzare credenze irrazionali o negative, rendendo ancora più difficile liberarsi dal pensiero eccessivo.

L'ossessione, d'altra parte, si riferisce all'incapacità di allontanare i pensieri indesiderati o preoccupanti dalla mente, nonostante gli sforzi consapevoli per farlo. I pensieri ossessivi possono essere persistenti e invadenti, creando un senso di urgenza o di necessità di risolvere il problema in questione. Tuttavia, poiché l'ossessione impedisce di vedere le situazioni da una prospettiva più ampia e obiettiva, diventa difficile trovare soluzioni reali e pratiche.

Percezione negativa e catastrofizzazione: Le persone che soffrono di pensiero eccessivo tendono a concentrarsi su possibili esiti negativi e a catastrofizzare situazioni o problemi. Questo modo di pensare può portare a un aumento dell'ansia e a una visione distorta della realtà, in cui le minacce e i rischi vengono percepiti come più gravi e probabili di quanto siano realmente.
La percezione negativa si verifica quando una persona tende a focalizzarsi principalmente sugli aspetti negativi di una situazione o di un evento, trascurando o sminuendo gli aspetti positivi. Questo modo di pensare può portare a un aumento dell'ansia, della tristezza e della preoccupazione, poiché si dà maggior peso ai problemi piuttosto che alle soluzioni o alle opportunità. La percezione negativa può anche alimentare la convinzione che le situazioni siano incontrollabili o che la persona non sia in grado di affrontare le difficoltà.

La catastrofizzazione, invece, è un processo cognitivo in cui una persona immagina il peggior esito possibile di una situazione, anche se la probabilità che si verifichi è molto bassa. La catastrofizzazione porta a pensare in termini di "e se...", portando a un'escalation di ansia e a un senso di impotenza. Questo schema di pensiero può ostacolare la capacità di prendere decisioni razionali e di agire in modo proattivo per affrontare le sfide.

Indecisione e procrastinazione: Il pensiero eccessivo può ostacolare la nostra capacità di prendere decisioni e agire. Quando ci perdiamo nei dettagli e nelle preoccupazioni, può essere difficile scegliere un percorso d'azione e impegnarsi in esso. Di conseguenza, le persone che ne soffrono possono trovarsi a procrastinare o ad evitare di prendere decisioni importanti.

Questa tendenza può portare a ritardi e a una mancanza di progresso, sia nella vita personale che professionale.

L'indecisione si manifesta quando una persona ha difficoltà a prendere decisioni, anche quelle che potrebbero sembrare semplici o banali. Ciò è spesso dovuto all'incapacità di valutare con precisione i pro e i contro di ogni opzione e alla paura di fare una scelta sbagliata. Il pensiero eccessivo può alimentare l'indecisione, poiché una persona si perde nei dettagli e nelle possibili conseguenze di ogni scelta, rendendo difficile agire e andare avanti.

La procrastinazione, invece, è il comportamento di rimandare o ritardare l'esecuzione di un'azione o di un compito, spesso a causa di paure o preoccupazioni irrazionali. Il pensiero eccessivo può contribuire alla procrastinazione, poiché la persona può sentirsi sopraffatta dalla quantità di pensieri e preoccupazioni che affollano la sua mente, rendendo difficile concentrarsi e portare a termine un'attività.

Ruminazione sul passato e preoccupazione per il futuro: Il pensiero eccessivo spesso coinvolge la ruminazione sul passato e la preoccupazione per il futuro. Le persone che soffrono di pensiero eccessivo possono passare ore a ripensare a eventi passati, cercando di capire cosa avrebbero potuto fare diversamente, o a preoccuparsi per le incertezze del futuro. Questa focalizzazione sul passato e sul futuro può impedire loro di vivere pienamente nel presente e di apprezzare i momenti di gioia e contentezza.

Esaurimento mentale ed emotivo: Il pensiero eccessivo può essere estenuante sia mentalmente che emotivamente. Il costante ciclo di pensieri e preoccupazioni può drenare le risorse mentali e causare affaticamento, stress e ansia. Inoltre, l'esaurimento mentale può avere un impatto negativo sulla motivazione, sulla creatività e sulla capacità di affrontare le sfide quotidiane.

Quando la mente è costantemente impegnata in un flusso ininterrotto di pensieri e preoccupazioni, può diventare difficile concentrarsi, prendere decisioni. Inoltre, l'esaurimento mentale ed emotivo può portare a una serie di problemi di salute, tra cui stress cronico, disturbi del sonno, ansia e depressione.

L'esaurimento mentale si verifica quando la mente è costantemente sollecitata a causa del pensiero eccessivo, rendendo difficile il funzionamento ottimale. Questo stato di affaticamento mentale può manifestarsi in vari modi, tra cui difficoltà di concentrazione, indecisione, dimenticanza e una riduzione generale delle capacità cognitive.

L'esaurimento emotivo, invece, si verifica quando le risorse emotive di una persona sono costantemente drenate a causa di preoccupazioni, ansie e stress. Ciò può portare a una diminuzione dell'empatia, della resilienza e della capacità di affrontare le sfide emotive. L'esaurimento emotivo può anche manifestarsi attraverso sintomi come irritabilità, tristezza, apatia e una sensazione di vuoto o distacco.

Impatto sulle relazioni interpersonali: Il pensiero eccessivo può influire negativamente sulle relazioni con gli altri. Le persone che ne soffrono possono apparire distaccate, preoccupate o eccessivamente autocentriche, il che può rendere difficile stabilire legami profondi e significativi con gli altri. Inoltre, il pensiero eccessivo può portare a conflitti e incomprensioni nelle relazioni, poiché le persone possono interpretare erroneamente le intenzioni o le azioni degli altri e reagire in modo eccessivo o difensivo.

Effetti sulla salute fisica: Il pensiero eccessivo non solo può avere un impatto sulla nostra salute mentale, ma può anche influire sulla nostra salute fisica. Lo stress cronico associato a questo tipo di problema può indebolire il sistema immunitario, aumentare il rischio di malattie cardiovascolari e contribuire a disturbi del sonno come l'insonnia.

Il costante flusso di preoccupazioni e la tensione mentale possono influire sul corpo in diversi modi, portando a una serie di problemi di salute. Di seguito sono elencati alcuni effetti sulla salute fisica associati al pensiero eccessivo:

1-Stress cronico: Il pensiero eccessivo può portare a livelli prolungati di stress, il quale, se cronico, può causare danni al sistema immunitario, aumentare il rischio di malattie cardiovascolari e contribuire a disturbi gastrointestinali.

2-Disturbi del sonno: Quando la mente è costantemente impegnata in pensieri e preoccupazioni, può essere difficile addormentarsi o mantenere un sonno profondo e ristoratore. La mancanza di un sonno di qualità può portare a una serie di problemi di salute, tra cui indebolimento del sistema immunitario, aumento del rischio di obesità e diabete, e riduzione delle capacità cognitive e della memoria.

3-Tensione muscolare: Il pensiero eccessivo e lo stress possono causare tensione muscolare, che può portare a dolore e rigidità, soprattutto nella zona del collo, delle spalle e della schiena. La tensione muscolare cronica può anche contribuire a mal di testa e a disturbi temporomandibolari (disfunzione dell'articolazione della mascella).

4-Aumento della pressione sanguigna: Il pensiero eccessivo e lo stress cronico possono portare a un aumento della pressione sanguigna, il che aumenta il rischio di malattie cardiovascolari e ictus.

5-Squilibrio ormonale: Il pensiero eccessivo può influenzare l'equilibrio ormonale nel corpo, in particolare aumentando la produzione di cortisolo, l'ormone dello stress. Livelli elevati e prolungati di cortisolo possono avere effetti negativi sulla salute, tra cui la riduzione della funzione immunitaria e l'aumento del rischio di malattie croniche.

Per comprendere meglio la differenza tra il pensiero eccessivo e la normale riflessione, è importante considerare l'intensità, la durata e gli effetti dei pensieri in questione. Mentre la riflessione normale può essere utile per apprendere dalle nostre esperienze e per prendere decisioni informate, il pensiero eccessivo tende a essere disfunzionale e dannoso, poiché coinvolge una focalizzazione eccessiva su dettagli irrilevanti, pensieri ripetitivi e ossessivi, e una percezione negativa della realtà.

In conclusione, il pensiero eccessivo è un processo mentale che può avere effetti negativi sulla nostra salute mentale, sulle nostre relazioni e sulla nostra qualità di vita. Identificare e comprendere le caratteristiche del pensiero eccessivo è il primo passo per sviluppare strategie efficaci per affrontarlo e ridurne l'impatto sulla nostra vita quotidiana. Nei capitoli successivi, esploreremo le cause del pensiero eccessivo e discuteremo diverse tecniche e approcci per liberare la mente dai pensieri ossessivi e ripetitivi, consentendo così una maggiore serenità e un migliore benessere generale.

CAPITOLO 2

Cause del pensiero eccessivo

Il pensiero eccessivo può essere causato da una serie di fattori, tra cui genetica, ambientale e psicologica. In questo capitolo, esamineremo ciascuna di queste cause e discuteremo di come influenzano il pensiero eccessivo e il benessere generale.

Fattori genetici: Alcune persone possono essere geneticamente predisposte al pensiero eccessivo. La ricerca suggerisce che vi sia una certa ereditarietà nella tendenza a soffrire di ansia e depressione, entrambe strettamente correlate al pensiero eccessivo. Anche se non è possibile cambiare la propria predisposizione genetica, è importante essere consapevoli di questa predisposizione e adottare strategie di gestione dello stress e di prevenzione della ruminazione.
Alcuni studi suggeriscono che esista una componente genetica nell'ansia e nei disturbi correlati, come il disturbo d'ansia generalizzata (GAD) e il disturbo ossessivo-compulsivo (OCD), entrambi caratterizzati dal pensiero eccessivo. Tuttavia, è importante sottolineare che la genetica non è l'unico fattore che

contribuisce a questi disturbi o al pensiero eccessivo in generale. Fattori ambientali, esperienze di vita e modelli di apprendimento svolgono un ruolo significativo nello sviluppo e nel mantenimento del pensiero eccessivo.

La ricerca nel campo della genetica comportamentale ha dimostrato che alcuni tratti di personalità, come il neuroticismo (tendenza a sperimentare emozioni negative come ansia, irritabilità e tristezza), possono essere ereditati. Il neuroticismo è stato associato a un aumentato rischio di sviluppare disturbi d'ansia e, di conseguenza, può contribuire indirettamente al pensiero eccessivo. Tuttavia, anche in questo caso, è importante considerare l'interazione tra fattori genetici e ambientali nel determinare il pensiero eccessivo e i disturbi correlati.

In sintesi, i fattori genetici possono svolgere un ruolo nella predisposizione di una persona al pensiero eccessivo, ma è l'interazione tra questi fattori e le esperienze di vita, l'ambiente e i modelli di apprendimento che determinano in ultima analisi se una persona svilupperà o meno questo tipo di problema. Pertanto, è importante considerare un approccio olistico e integrato per comprendere e affrontare il pensiero eccessivo, tenendo conto sia dei fattori genetici che di quelli ambientali.

Fattori ambientali: Gli eventi stressanti e le situazioni difficili possono spingere le persone a pensare eccessivamente. Alcuni dei principali fattori ambientali che possono portare al pensiero eccessivo sono:

-Traumi e stress: Eventi traumatici o stressanti, come incidenti, abusi, lutti o divorzi, possono innescare un aumento del pensiero eccessivo. Il cervello può rimanere bloccato in uno stato di ipervigilanza, cercando di prevenire o prepararsi a futuri eventi negativi.

-Educazione e ambiente familiare: Le persone cresciute in famiglie in cui il pensiero eccessivo è una prassi comune o dove l'ansia e le preoccupazioni sono costantemente presenti possono essere più inclini a sviluppare abitudini di pensiero simili. Inoltre, gli stili di educazione rigidi, autoritari o iperprotettivi possono contribuire a generare tali pensieri.

-Pressioni sociali e culturali: La pressione sociale e culturale per avere successo, essere perfetti o conformarsi a determinate aspettative può portare a un aumento del pensiero eccessivo. Le persone possono diventare ossessionate dal raggiungimento di obiettivi irrealistici o dal soddisfare le aspettative degli altri, alimentando ansia e preoccupazione costante.

-Ambiente di lavoro: Un ambiente di lavoro stressante, competitivo o con elevate richieste di performance può contribuire. La paura del fallimento, la mancanza di sostegno o la difficoltà nel gestire le aspettative professionali possono portare a un costante stato di preoccupazione e rumore mentale. -Esposizione ai media: L'esposizione costante a notizie negative, tragedie o eventi stressanti attraverso i media può alimentare il pensiero eccessivo, facendo sì che le persone si preoccupino costantemente delle questioni globali, delle minacce alla sicurezza o dei pericoli per la salute.

-Stile di vita moderno: Il ritmo frenetico della vita moderna, con la sua costante connessione ai dispositivi elettronici, social media e impegni, può contribuire al pensiero eccessivo. La mancanza di tempo per rilassarsi, riflettere e dedicarsi a se stessi può rendere difficile staccare la mente dai pensieri e dalle preoccupazioni.

Per affrontare il pensiero eccessivo causato da fattori ambientali, è importante sviluppare strategie di coping efficaci e adottare abitudini di vita sane. Questo può includere praticare la gestione dello stress, stabilire limiti sani, coltivare relazioni di sostegno, praticare la gratitudine e dedicare tempo a se stessi per il relax e il benessere emotivo.

Fattori psicologici: I fattori psicologici svolgono un ruolo significativo nel pensiero eccessivo. La comprensione di questi fattori può aiutare a identificare le cause alla base di tali pensieri e a sviluppare strategie per affrontarli. Di seguito ne sono elencati alcuni:

-Bassa autostima: Le persone con bassa autostima possono essere inclini al pensiero eccessivo, in quanto potrebbero sentirsi insicure, incapaci di affrontare le sfide o preoccupate di non essere all'altezza delle aspettative altrui. Questa insicurezza può portare a preoccupazioni eccessive e a un costante stato di autocritica.

-Perfezionismo: Il perfezionismo può essere un'importante causa. Le persone perfezioniste tendono a concentrarsi su dettagli insignificanti, cercando di raggiungere risultati irrealistici o temendo di fallire. Questo può portare a un ciclo continuo di pensieri e preoccupazioni.

-Intolleranza all'incertezza: Le persone che non sopportano l'incertezza possono avere difficoltà a gestire situazioni ambigue o imprevedibili, il che può portare al pensiero eccessivo. Queste persone potrebbero cercare costantemente rassicurazioni o rimuginare su possibili scenari negativi per prepararsi al peggio.

-Credenze irrazionali: Il pensiero eccessivo può essere alimentato da credenze irrazionali o distorsioni cognitive, come la catastrofizzazione (immaginare il peggior esito possibile), la generalizzazione eccessiva (estrapolare un evento negativo a tutta la propria vita) o il pensiero in termini di tutto o niente (valutare le situazioni come totalmente positive o totalmente negative).

-Stili di pensiero negativi: Alcuni stili di pensiero negativi, come il rimuginio (concentrarsi ripetutamente su problemi passati o attuali) o la preoccupazione (pensare costantemente a problemi futuri), possono contribuire al pensiero eccessivo e all'ansia.

-Disturbi psicologici: Il pensiero eccessivo può essere un sintomo o una caratteristica di alcuni disturbi psicologici, come il disturbo d'ansia generalizzata, il disturbo ossessivo-compulsivo o la depressione. In questi casi, il trattamento del disturbo sottostante può contribuire a ridurre il pensiero eccessivo. Quando è causato da fattori psicologici, è utile lavorare con un terapeuta o uno psicologo per identificare e modificare schemi di pensiero negativi, irrazionali o distorti. Le terapie come la terapia cognitivo-comportamentale (CBT) e la terapia di accettazione e impegno (ACT) sono particolarmente efficaci nel trattare il pensiero eccessivo e i disturbi correlati.

Disturbi dell'umore: La presenza di disturbi dell'umore come depressione e ansia può essere sia una causa che un effetto del pensiero eccessivo. Le persone che soffrono di questi disturbi possono avere schemi di pensiero negativi e distorti che alimentano il pensiero eccessivo. Allo stesso tempo, il pensiero eccessivo può aggravare i sintomi della depressione e dell'ansia, creando un circolo vizioso.

Stili di apprendimento e di pensiero: Le persone con diversi stili di apprendimento e di pensiero possono essere più inclini al pensiero eccessivo. Ad esempio, le persone che tendono a pensare in modo analitico e dettagliato possono essere più propense a focalizzarsi sui dettagli e a preoccuparsi eccessivamente delle situazioni. Al contrario, coloro che adottano un approccio più olistico e intuitivo potrebbero esserne meno inclini.

Abitudini e comportamenti: Le persone che trascorrono molto tempo da sole o che evitano le interazioni sociali possono essere più inclini alla ruminazione e al pensiero eccessivo. Allo stesso tempo, comportamenti come la procrastinazione e l'evitamento possono rafforzare il pensiero eccessivo, poiché possono creare ulteriore stress e ansia.

Comprendere le cause del pensiero eccessivo è essenziale per sviluppare strategie efficaci per affrontarlo e migliorare il proprio benessere. Tuttavia, è importante notare che le cause possono variare da individuo a individuo e che potrebbero essere presenti combinazioni di diversi fattori.

Per affrontare il pensiero eccessivo, è utile identificare e affrontare le cause specifiche che contribuiscono a questo comportamento. Ad esempio, se si riconosce che l'ansia o la depressione stanno alimentando il pensiero eccessivo, consultare un professionista della salute mentale per discutere le opzioni di trattamento può essere un passo importante. Allo stesso modo, se si riconosce che le aspettative culturali o sociali stanno causando stress e preoccupazione, si può lavorare per sviluppare una maggiore consapevolezza di sé e imparare a adottare una prospettiva più equilibrata e realistica.

Nei prossimi capitoli, esploreremo ulteriormente le strategie e le tecniche per liberare la mente dal pensiero eccessivo, tra cui la ristrutturazione cognitiva, la pratica della mindfulness e il miglioramento delle abilità di problem-solving e di gestione dello stress. Implementando queste strategie, è possibile ridurre il pensiero eccessivo e migliorare la qualità della vita, il benessere emotivo e la capacità di affrontare le sfide quotidiane con maggiore serenità e resilienza.

CAPITOLO3

Strategie e tecniche per liberare la mente dal pensiero eccessivo

Liberarsi dal pensiero eccessivo può migliorare significativamente la qualità della vita, riducendo l'ansia, lo stress e l'esaurimento mentale. In questo capitolo, esploreremo una serie di strategie e tecniche che possono aiutare a ridurre il pensiero eccessivo e promuovere una maggiore pace mentale e benessere.

Ristrutturazione cognitiva: La ristrutturazione cognitiva è una tecnica derivata dalla terapia cognitivo-comportamentale (CBT) che mira a identificare e modificare schemi di pensiero negativi e irrazionali. Per praticare la ristrutturazione cognitiva, è importante prestare attenzione ai propri pensieri e riconoscere quando si sta pensando in modo eccessivo o negativo. Una volta identificati questi pensieri, si può lavorare per sostituirli con pensieri più realistici, equilibrati e positivi.
La ristrutturazione cognitiva si basa sull'idea che i nostri pensieri influenzano direttamente le nostre

emozioni e i nostri comportamenti, e che cambiando i nostri pensieri possiamo migliorare il nostro benessere emotivo e la qualità della nostra vita.
Il processo di ristrutturazione cognitiva può essere suddiviso in diverse fasi:

-Identificazione dei pensieri negativi e disfunzionali: Il primo passo nella ristrutturazione cognitiva è identificare i pensieri negativi e disfunzionali che stanno alla base delle emozioni negative e dei comportamenti problematici. Questo può includere pensieri automatici negativi che sorgono in risposta a situazioni specifiche, nonché credenze più profonde e persistenti su se stessi, gli altri e il mondo.
-Valutazione dei pensieri negativi: Una volta identificati i pensieri negativi e disfunzionali, è importante valutarli criticamente per determinare se sono realistici, utili o basati su prove solide. Ciò può includere l'esame di possibili distorsioni cognitive, come la generalizzazione eccessiva, il pensiero "tutto o niente" o l'attribuzione di colpe eccessive a se stessi.
-Sviluppo di pensieri alternativi e più adattivi: Dopo aver valutato criticamente i pensieri negativi e disfunzionali, è possibile lavorare per sviluppare

pensieri alternativi e più adattivi che siano più realistici, equilibrati e basati su prove solide. Ciò può includere la ricerca di nuove prospettive, il riconoscimento di successi e forze personali e l'applicazione di un approccio più compassionevole nei confronti di se stessi e degli altri.

-Sperimentazione e verifica dei nuovi pensieri: Infine, è importante sperimentare e verificare i nuovi pensieri alternativi per determinare se portano a miglioramenti nel benessere emotivo e nei comportamenti. Ciò può includere il confronto di previsioni basate su pensieri negativi con i risultati reali delle situazioni, nonché il monitoraggio delle emozioni e dei comportamenti in risposta ai nuovi pensieri.

La ristrutturazione cognitiva può essere praticata sia in modo indipendente che con l'aiuto di un terapeuta qualificato. Se si sceglie di praticare la ristrutturazione cognitiva da soli, è possibile utilizzare diari di pensiero, applicazioni o altre risorse per facilitare il processo. Tuttavia, lavorare con un terapeuta può fornire ulteriore supporto, orientamento e feedback per garantire che il processo sia efficace.

È importante notare che la ristrutturazione cognitiva

richiede tempo e pratica per diventare efficace. Inizialmente, può essere difficile identificare e valutare i propri pensieri negativi e disfunzionali. Tuttavia, con la pratica e la persistenza, diventerà più facile riconoscere questi pensieri e sostituirli con alternative più adattive e realistiche.

La ristrutturazione cognitiva può essere particolarmente utile per affrontare una varietà di problemi emotivi e comportamentali, tra cui ansia, depressione, stress, disturbi alimentari e problemi di autostima. Può anche aiutare a migliorare le relazioni interpersonali, aumentare la resilienza di fronte alle difficoltà e promuovere un senso di benessere e soddisfazione nella vita.

Per ottenere i migliori risultati dalla ristrutturazione cognitiva, è importante impegnarsi in un processo di auto-riflessione e auto-consapevolezza. Ciò può includere la registrazione dei pensieri negativi e disfunzionali man mano che emergono, prestando particolare attenzione alle situazioni in cui si verificano e alle emozioni e ai comportamenti che ne derivano. Inoltre, è utile imparare a riconoscere le distorsioni cognitive comuni e a mettere in discussione le credenze sottostanti che potrebbero perpetuare questi schemi di pensiero negativo.

La ristrutturazione cognitiva, sebbene efficace per molte persone, potrebbe non essere la soluzione migliore per tutti. Alcune persone potrebbero trarre maggior beneficio da altre tecniche terapeutiche o da un approccio combinato che integra la ristrutturazione cognitiva con altre strategie, come la terapia di accettazione e impegno, la terapia centrata sulla compassione o la terapia dialettico-comportamentale. È importante trovare l'approccio più adatto alle proprie esigenze e circostanze personali e, se necessario, cercare il sostegno di un professionista della salute mentale qualificato.

In conclusione, la ristrutturazione cognitiva è un'importante tecnica terapeutica che può aiutare a ridurre il pensiero eccessivo e negativo, migliorando il benessere emotivo e la qualità della vita. Attraverso l'identificazione, la valutazione e la sostituzione dei pensieri negativi e disfunzionali con alternative più adattive e realistiche, è possibile sviluppare una mentalità più resiliente, flessibile e positiva, che può avere un impatto profondo sulla salute mentale e sul successo personale e professionale.

Mindfulness e meditazione: La pratica della mindfulness e della meditazione può aiutare a ridurre il pensiero eccessivo, aumentando la consapevolezza del momento presente e rafforzando la capacità di gestire i pensieri e le emozioni. La mindfulness implica osservare i propri pensieri senza giudizio e senza rimanere bloccati in essi. La meditazione può essere praticata in diverse forme, tra cui la meditazione guidata, la meditazione di consapevolezza (Vipassana) e la meditazione trascendentale.

Entrambe le pratiche hanno lo scopo di promuovere la consapevolezza del momento presente e di aiutare a sviluppare una relazione più sana e non giudicante con i propri pensieri ed emozioni.

La mindfulness, spesso definita come la consapevolezza del momento presente senza giudizio, può essere praticata in vari contesti e situazioni quotidiane, come durante il pasto, il lavoro o le relazioni interpersonali. L'obiettivo della mindfulness è di portare l'attenzione al momento presente, osservando le proprie esperienze interne ed esterne senza cercare di cambiarle o evitarle. Ciò può includere il concentrarsi sul respiro, sulle sensazioni fisiche, sui pensieri e sulle emozioni che emergono.

La meditazione, invece, è una pratica più formale e

strutturata che implica il dedicare un periodo di tempo specifico all'allenamento della consapevolezza e della concentrazione. Esistono molte forme diverse di meditazione, tra cui la meditazione di consapevolezza (mindfulness), la meditazione concentrativa e la meditazione metta o amorevole gentilezza. Ciascuna di queste pratiche ha un focus e obiettivi leggermente diversi, ma tutte condividono l'obiettivo comune di promuovere la consapevolezza, la tranquillità e il benessere emotivo.

La ricerca ha dimostrato che la mindfulness e la meditazione possono portare a numerosi benefici per la salute mentale e fisica, tra cui:

-Riduzione dello stress: La mindfulness e la meditazione sono state ampiamente studiate per la loro capacità di ridurre lo stress e aiutare a gestire i sintomi di ansia e depressione. Ciò può essere attribuito, in parte, alla loro capacità di attivare il sistema nervoso parasimpatico, che è responsabile della risposta di rilassamento del corpo.

-Miglioramento della regolazione emotiva: La pratica della mindfulness e della meditazione può aiutare a sviluppare una maggiore consapevolezza delle proprie emozioni e a sviluppare strategie più efficaci per gestirle. Ciò può portare a una maggiore resilienza emotiva e a una riduzione dei sintomi di ansia, depressione e stress.

-Miglioramento della concentrazione e dell'attenzione: La mindfulness e la meditazione possono aiutare a sviluppare una maggiore capacità di concentrarsi sul momento presente e di evitare distrazioni. Ciò può portare a una maggiore produttività e all'abilità di gestire meglio il tempo e le risorse mentali.

-Miglioramento delle relazioni interpersonali: La pratica della mindfulness e della meditazione può aiutare a sviluppare una maggiore empatia e compassione nei confronti degli altri, migliorando così la qualità delle relazioni interpersonali.

-Miglioramento della salute fisica: La mindfulness e la meditazione sono state associate a una serie di benefici per la salute fisica, tra cui la riduzione della pressione sanguigna, il miglioramento della qualità del sonno, la riduzione del dolore cronico e il rafforzamento del sistema immunitario. Questi benefici possono essere attribuiti alla capacità delle pratiche di ridurre lo stress, migliorare la regolazione emotiva e promuovere comportamenti più sani.

Per iniziare a praticare la mindfulness e la meditazione, è possibile seguire questi semplici passaggi:

-Trova un ambiente tranquillo: Scegli un luogo silenzioso e senza distrazioni dove poter praticare la mindfulness e la meditazione. Può essere utile creare uno spazio dedicato nella propria casa o in ufficio per incoraggiare la pratica regolare.

-Scegli una postura comoda: Siediti su una sedia, un cuscino o uno sgabello con la schiena dritta e i piedi a terra. È importante trovare una posizione comoda che ti permetta di mantenere la concentrazione e l'attenzione durante la pratica.

-Concentrati sul respiro: Inizia a portare l'attenzione al tuo respiro, osservando le sensazioni associate all'inspirazione dall'espirazione. Se la mente inizia a vagare, nota gentilmente i pensieri e le distrazioni e poi riporta l'attenzione al respiro.

-Pratica la non-giudicatività: Cerca di osservare i tuoi pensieri ed emozioni senza giudizio, riconoscendo che sono solo esperienze temporanee che vanno e vengono. Questa pratica può aiutare a sviluppare una relazione più sana e compassionevole con i propri pensieri ed emozioni.

-Sii costante: Come per qualsiasi nuova abilità, la mindfulness e la meditazione richiedono pratica e dedizione. Cerca di impegnarti nella pratica quotidiana, anche solo per pochi minuti al giorno, per ottenere i massimi benefici.

La mindfulness e la meditazione, quando praticate regolarmente, possono offrire numerosi benefici per la salute mentale e fisica, tra cui la riduzione del pensiero eccessivo, la promozione della consapevolezza del momento presente e il miglioramento del benessere emotivo.

Esercizio fisico: L'esercizio fisico è un potente antidoto al pensiero eccessivo, in quanto può aiutare a liberare la mente e ad alleviare lo stress e l'ansia. L'attività fisica aumenta la produzione di endorfine, sostanze chimiche cerebrali che migliorano l'umore e promuovono il rilassamento. Sia gli esercizi aerobici (come la corsa o il nuoto) che gli esercizi di forza (come il sollevamento pesi) possono essere efficaci nel ridurre il pensiero eccessivo.

L'esercizio fisico è un potente strumento per combattere il pensiero eccessivo e promuovere il benessere mentale ed emotivo. Numerosi studi hanno dimostrato che l'attività fisica può aiutare a ridurre lo stress, migliorare l'umore e aumentare la funzione cognitiva. Questo è dovuto, in parte, alla capacità dell'esercizio fisico di stimolare la produzione di endorfine e altri neurotrasmettitori che migliorano l'umore, come la serotonina e la dopamina. Inoltre, può aiutare a ridurre i livelli di cortisolo, un ormone dello stress che può contribuire al pensiero eccessivo e all'ansia.

Le seguenti attività sono tra le migliori da praticare per combattere il pensiero eccessivo e promuovere la salute mentale:

-Camminata: La camminata è un'attività semplice e accessibile che può essere praticata da quasi chiunque, indipendentemente dall'età o dal livello di forma fisica. Può aiutare a migliorare l'umore, ridurre lo stress e promuovere la consapevolezza del momento presente. Per ottenere i massimi benefici, prova a camminare all'aperto in un ambiente naturale, come un parco o una riserva naturale, per sfruttare anche i benefici della natura sul benessere mentale.

-Corsa e jogging: La corsa e il jogging sono attività aerobiche che possono aiutare a ridurre il pensiero eccessivo e promuovere il rilassamento mentale. Possono innescare la produzione di endorfine, portando a una sensazione di euforia spesso definita come "runner's high". Inoltre migliorano la resistenza cardiovascolare e la funzione cognitiva nel lungo termine.

-Yoga: Lo yoga è una pratica antica che combina esercizio fisico, respirazione e meditazione per promuovere il benessere mentale ed emotivo. Lo yoga aiuta a ridurre lo stress, migliorare la flessibilità e la forza muscolare e aumentare la consapevolezza del corpo e del momento presente. Esistono molti stili diversi di yoga, tra cui Hatha, Vinyasa e Kundalini, che possono essere adattati alle esigenze e alle preferenze individuali.

-Tai Chi: Il Tai Chi è un'arte marziale cinese che combina movimenti lenti e fluidi con la respirazione profonda e la meditazione. Il Tai Chi è stato dimostrato efficace nel ridurre lo stress, migliorare l'equilibrio e la flessibilità e promuovere la consapevolezza del momento presente. Poiché è un'attività a basso impatto, è adatto a persone di tutte le età e livelli di forma fisica.

-Nuoto: Il nuoto è un'altra attività aerobica a basso impatto che può aiutare a ridurre il pensiero eccessivo e promuovere la salute mentale. Può essere particolarmente benefico per coloro che hanno problemi alle articolazioni o al dolore cronico, poiché l'acqua sostiene il peso del corpo e riduce lo stress sulle articolazioni. Il nuoto può anche avere un

effetto meditativo, poiché la respirazione coordinata
e il ritmo dei movimenti possono aiutare a focalizzare
la mente e a ridurre i pensieri intrusivi.
-Ciclismo: Il ciclismo è un altro esercizio aerobico che
può aiutare a combattere il pensiero eccessivo e
migliorare l'umore. Andare in bicicletta all'aperto
offre anche l'opportunità di esplorare nuovi ambienti
e connettersi con la natura, il che può avere ulteriori
benefici per la salute mentale. Il ciclismo può essere
adattato a vari livelli di forma fisica e può essere
praticato su strada, su piste ciclabili o su sentieri
sterrati.
-Danza: La danza è un'attività fisica e creativa che può
aiutare a ridurre lo stress, migliorare l'umore e
promuovere l'espressione emotiva. La danza può
essere praticata in molti stili diversi, come il balletto,
la danza moderna, il hip-hop o la danza di coppia. Può
anche essere un'attività sociale che incoraggia la
connessione con gli altri e il supporto emotivo.
-Sport di squadra: Gli sport di squadra, come il calcio,
il basket o il rugby, possono offrire numerosi benefici
per la salute mentale, tra cui la riduzione dello stress,
il miglioramento dell'umore e la promozione della
coesione sociale. Aiutano a sviluppare abilità di
comunicazione, collaborazione e problem-solving,

che possono essere utili nella vita quotidiana e nel lavoro.

-Allenamento di forza: L'allenamento di forza, come il sollevamento pesi o l'allenamento a corpo libero, può aiutare a migliorare la forza muscolare, la resistenza e la composizione corporea. Riduce lo stress e migliora l'umore, poiché richiede concentrazione e impegno nel momento presente.

-Sport da combattimento: e perché no! Anche lo sport da combattimento, come la Boxe, la Muay Thai o la kickboxing, sono un ottimo rimedio contro il pensiero eccessivo. Questi sport richiedono una concentrazione al momento presente molto elevata. Chi pratica sport da combattimento riesce di solito a governare sui pensieri in modo totalitario. I benefici che portano sono molteplici, tra i quali: miglioramento della forza muscolare, riduzione drastica dello stress, miglioramento della forma fisica, promozione della coesione sociale, consapevolezza del dolore, aumento della concentrazione, benefici alle articolazioni... insomma un surplus di effetti positivi sia a livello fisico che mentale.

Per ottenere i massimi benefici dall'esercizio fisico nella lotta contro il pensiero eccessivo, è importante scegliere un'attività che sia piacevole e adatta alle proprie esigenze e preferenze individuali. È inoltre fondamentale impegnarsi in una routine di esercizio regolare, mirando a praticare almeno 150 minuti di attività aerobica di intensità moderata o 75 minuti di attività aerobica di intensità vigorosa ogni settimana, insieme a due sessioni di allenamento di forza.

Infine, è importante ricordare che l'esercizio fisico è solo uno dei numerosi strumenti disponibili per combattere il pensiero eccessivo e migliorare la salute mentale. Combinare l'esercizio fisico con altre strategie, come la terapia cognitivo-comportamentale, la meditazione e la gestione dello stress, può aiutare a ottenere risultati ottimali e a promuovere un senso di benessere e soddisfazione nella vita quotidiana.

Alcuni suggerimenti per integrare con successo l'esercizio fisico nella propria routine e combattere il pensiero eccessivo includono:

-Stabilire obiettivi realistici: Inizia con obiettivi piccoli e realistici che ti permettano di sviluppare la fiducia e la motivazione nel tempo. Man mano che ti abitui all'esercizio fisico e ne raccogli i benefici, puoi aumentare gradualmente l'intensità e la durata delle sessioni.

-Creare una routine: Trova un momento della giornata in cui ti senti più energico e motivato per esercitarti e cerca di renderlo parte della tua routine quotidiana. L'abitudine all'esercizio fisico può rendere più facile mantenerlo nel tempo.

-Trova un compagno di allenamento: Esercitarsi con un amico o un familiare può rendere l'attività più divertente e motivante. Inoltre, avere un compagno di allenamento può aiutare a responsabilizzarsi a vicenda e a mantenere l'impegno nel tempo.

-Ascolta il tuo corpo: Presta attenzione ai segnali del tuo corpo e adatta il tuo programma di esercizio fisico alle tue esigenze e capacità individuali. Se ti senti stanco o hai dolore, concediti il tempo di riposare e recuperare.

-Sii paziente e gentile con te stesso: Ricorda che i benefici dell'esercizio fisico si accumulano nel tempo e che è normale affrontare sfide e ostacoli lungo il percorso. Cerca di mantenere un atteggiamento di auto-compassione e di non giudizio nei confronti del tuo progresso e delle tue prestazioni.

In conclusione, l'esercizio fisico può essere un potente antidoto al pensiero eccessivo e un importante strumento per promuovere il benessere mentale ed emotivo. Scegliendo un'attività adatta alle tue preferenze e impegnandoti in una routine regolare, puoi sperimentare una vasta gamma di benefici per la salute mentale, tra cui la riduzione dello stress, il miglioramento dell'umore e la maggiore resilienza.

Gestione del tempo e pianificazione: Una delle cause del pensiero eccessivo è la sensazione di essere sopraffatti dalle responsabilità e dalle scadenze. Imparare a gestire il tempo in modo efficace e a pianificare le attività può ridurre lo stress e prevenire la ruminazione. Stabilire obiettivi realistici, suddividere le attività in passi più piccoli e utilizzare strumenti di pianificazione (come calendari e liste delle cose da fare) può aiutare a mantenere l'organizzazione e a ridurre il pensiero eccessivo. La gestione del tempo e la pianificazione sono tecniche efficaci per combattere il pensiero eccessivo, poiché aiutano a ridurre lo stress, a migliorare la produttività e a creare un senso di controllo sulla propria vita. Quando si impara a gestire il tempo e a pianificare in modo efficace, si può ridurre l'ansia associata alle scadenze, alle attività quotidiane e ai compiti in sospeso, permettendo alla mente di concentrarsi sul presente invece che su preoccupazioni future o passate.

Di seguito sono elencate alcune strategie di gestione del tempo e pianificazione che possono aiutare a combattere il pensiero eccessivo:

-Stabilire priorità: Identifica le attività più importanti e urgenti e assegna loro la priorità nella tua lista di cose da fare. Questo ti aiuterà a concentrarti sulle attività che hanno il maggior impatto sulla tua vita e a evitare di sprecare tempo ed energie su compiti meno importanti.

-Scomporre i compiti: Dividi i compiti più grandi e complessi in sotto-attività più piccole e gestibili. Questo ti permetterà di affrontare i progetti in modo più sistematico e di ridurre la sensazione di essere sopraffatto.

-Stabilire obiettivi realistici e raggiungibili: Definisci obiettivi chiari e specifici per le tue attività e assicurati che siano realistici e raggiungibili. Gli obiettivi irrealistici possono portare a stress e pensieri negativi, mentre gli obiettivi raggiungibili ti daranno un senso di soddisfazione e successo.

-Creare una routine quotidiana: Stabilisci una routine quotidiana che includa momenti dedicati al lavoro, al riposo e al tempo libero. Avere una struttura nella tua giornata può aiutare a ridurre il pensiero eccessivo, poiché saprai esattamente cosa devi fare e quando farlo.

-Utilizzare strumenti di pianificazione: Fai uso di strumenti di pianificazione, come calendari, app e liste di cose da fare, per organizzare le tue attività e tenere traccia dei tuoi progressi. Questi strumenti ti aiuteranno a mantenere una visione d'insieme delle tue responsabilità e a gestire meglio il tuo tempo.

-Assegnare tempo per le pause e il rilassamento: Pianifica pause regolari nel corso della giornata per riposare e rilassarti. Questo può aiutare a prevenire l'affaticamento mentale e a mantenere il focus e l'energia necessari per affrontare le attività quotidiane.

-Imparare a dire di no: Impara a riconoscere i tuoi limiti e a dire di no a impegni e richieste che potrebbero sovraccaricare il tuo programma e causare stress e pensiero eccessivo. Imparare a dire di no può aiutarti a mantenere un equilibrio tra lavoro, tempo libero e autocura.

-Praticare la delega: Quando possibile, delega alcune delle tue responsabilità ad altri, in modo da ridurre il carico di lavoro e lo stress associato. La delega può aiutarti a concentrarti sulle attività più importanti e a liberare tempo ed energie per dedicarti al tuo benessere mentale ed emotivo.

-Revisione e adattamento: Valuta periodicamente i tuoi progressi e le tue strategie di gestione del tempo e pianificazione. Se necessario, apporta modifiche per migliorare la tua efficienza e ridurre lo stress. Essere flessibili e aperti al cambiamento può aiutarti a trovare l'approccio più efficace per la tua situazione personale.

-Praticare la mindfulness e l'accettazione: Durante il processo di gestione del tempo e pianificazione, è importante praticare la mindfulness e l'accettazione. Riconosci che non tutto andrà sempre come previsto e che potresti dover affrontare imprevisti o ritardi. Accetta queste situazioni come parte della vita e concentrati su ciò che è sotto il tuo controllo, invece di perderti nel pensiero eccessivo sulle circostanze imprevedibili.

Incorporando queste strategie di gestione del tempo e pianificazione nella tua vita quotidiana, potrai creare un ambiente più strutturato e meno stressante, che può aiutare a ridurre il pensiero eccessivo. Una buona organizzazione e pianificazione possono aumentare la tua produttività e soddisfazione, permettendoti di affrontare le sfide quotidiane con maggiore serenità e controllo.

Combinando queste tecniche con altre strategie di benessere, come l'esercizio fisico, la terapia cognitivo-comportamentale e la meditazione, potrai sviluppare un approccio più completo e integrato per combattere il pensiero eccessivo e promuovere una vita equilibrata e soddisfacente.

Tecniche di rilassamento: Le tecniche di rilassamento, come il rilassamento muscolare progressivo, la respirazione profonda e la visualizzazione guidata, possono aiutare a calmare la mente e a ridurre il pensiero eccessivo. Il rilassamento muscolare progressivo implica contrarre e rilasciare sistematicamente i diversi gruppi muscolari del corpo, mentre la respirazione profonda si concentra sull'inalazione e l'esalazione lenta e controllata. La visualizzazione guidata implica immaginare scenari rilassanti o piacevoli per distogliere l'attenzione dai pensieri negativi e ansiosi.

Le tecniche di rilassamento aiutano a calmare la mente e a rilassare il corpo. Praticare regolarmente le tecniche di rilassamento può migliorare la gestione dello stress, l'umore e la qualità del sonno, contribuendo a ridurre l'ansia e il pensiero eccessivo.

Di seguito sono elencate alcune tecniche di rilassamento che possono aiutare a combattere il pensiero eccessivo:

-Respirazione profonda: La respirazione profonda è una tecnica di rilassamento che coinvolge l'inalazione lenta e profonda attraverso il naso, seguita da un'esalazione lenta e controllata attraverso la bocca. Questo tipo di respirazione aiuta a ridurre la frequenza cardiaca e la pressione sanguigna, promuovendo un senso di calma e rilassamento.

-Rilassamento muscolare progressivo: Il rilassamento muscolare progressivo è una tecnica che consiste nel contrarre e rilasciare sistematicamente i diversi gruppi muscolari del corpo. Questo aiuta a rilassare i muscoli, alleviare la tensione e promuovere un senso di benessere fisico ed emotivo.

-Meditazione guidata: La meditazione guidata è una pratica che coinvolge l'ascolto di istruzioni verbali fornite da un insegnante o una registrazione, che guidano l'attenzione attraverso una serie di immagini mentali o focalizzazioni. Questa tecnica aiuta a calmare la mente, a migliorare la consapevolezza del momento presente e a ridurre il pensiero eccessivo.

-Visualizzazione: La visualizzazione è una tecnica di rilassamento che coinvolge l'immaginazione di scene o situazioni rilassanti e piacevoli. Questa pratica aiuta a ridurre lo stress e l'ansia, promuovendo un senso di calma e benessere.

-Yoga: Lo yoga è una pratica che combina posture fisiche, respirazione controllata e meditazione. Praticare lo yoga può aiutare a rilassare il corpo e la mente, migliorare la flessibilità e la forza e ridurre lo stress e il pensiero eccessivo.

-Tai chi: Il tai chi è un'arte marziale cinese che combina movimenti lenti e fluidi con la respirazione profonda e la concentrazione. Praticare il tai chi può aiutare a migliorare l'equilibrio, la forza e la flessibilità, oltre a promuovere il rilassamento e ridurre il pensiero eccessivo.

-Autogenics: L'autogenics è una tecnica di rilassamento che si basa sull'autosuggestione e sulla focalizzazione su sensazioni fisiche specifiche, come il calore o il peso degli arti. Questa pratica può aiutare a ridurre lo stress e l'ansia e a promuovere il rilassamento profondo.

-Mindfulness: La mindfulness è una forma di meditazione che coinvolge l'attenzione non giudicante sul momento presente, inclusi i pensieri, le sensazioni e le emozioni che sorgono. Praticare la mindfulness può aiutare a ridurre il pensiero eccessivo, migliorare la consapevolezza e promuovere un senso di calma e benessere.

-Biofeedback: Il biofeedback è una tecnica che utilizza strumenti di monitoraggio per insegnare alle persone come controllare funzioni corporee involontarie, come la frequenza cardiaca, la pressione sanguigna e la tensione muscolare. Imparando a controllare queste funzioni, è possibile ridurre lo stress e il pensiero eccessivo.

-Aromaterapia: L'aromaterapia è l'uso di oli essenziali derivati da piante per promuovere il benessere fisico ed emotivo. Inalare gli aromi di oli essenziali come la lavanda, il bergamotto o la camomilla può aiutare a ridurre lo stress, l'ansia e il pensiero eccessivo.

Per ottenere i migliori risultati, è importante praticare le tecniche di rilassamento in modo regolare e costante. Sperimentare diverse tecniche può aiutare a trovare quella più adatta alle tue esigenze e preferenze personali. Inoltre, combinare le tecniche di rilassamento con altre strategie di benessere, come l'esercizio fisico, la terapia cognitivo-comportamentale e la gestione del tempo, può offrire un approccio più completo e integrato per combattere il pensiero eccessivo.

In conclusione, le tecniche di rilassamento possono

essere un rimedio efficace per migliorare la gestione dello stress e promuovere il benessere mentale ed emotivo. Scegliendo le tecniche di rilassamento più adatte alle tue esigenze e praticandole regolarmente, puoi sviluppare una maggiore consapevolezza del tuo corpo e della tua mente, e imparare a gestire in modo più efficace lo stress e il pensiero eccessivo nella tua vita quotidiana.

Stabilire limiti: Imparare a stabilire limiti e a dire "no" quando necessario può aiutare a ridurre lo stress e il pensiero eccessivo. Spesso, le persone si sentono sopraffatte perché accettano troppe responsabilità o si coinvolgono in situazioni che causano stress e preoccupazione. Imparare a stabilire limiti e a proteggere il proprio tempo ed energia può contribuire a ridurre il pensiero eccessivo.
Stabilire limiti è un altro metodo efficace per ridurre il pensiero eccessivo, in quanto aiuta a creare un equilibrio tra le varie sfere della vita e a proteggere il proprio benessere mentale ed emotivo. Imparare a stabilire limiti e a farli rispettare è fondamentale per prevenire lo stress e l'ansia che possono derivare da un sovraccarico di responsabilità e impegni.
Ecco alcuni suggerimenti per stabilire limiti come

rimedio per ridurre il pensiero eccessivo:

-Identificare i propri valori e priorità: Rifletti sui tuoi valori e sulle tue priorità nella vita, e utilizzali come guida per determinare quali impegni e responsabilità sono veramente importanti per te. Questo ti aiuterà a concentrarti su ciò che conta di più e a evitare di sprecare tempo ed energie in attività che non sono allineate con i tuoi obiettivi e valori personali.

-Imparare a dire di no: Sii consapevole dei tuoi limiti e impara a dire di no quando le richieste o gli impegni degli altri rischiano di sovraccaricare la tua vita e compromettere il tuo benessere. Ricorda che dire di no non è un segno di debolezza o egoismo, ma piuttosto un atto di autoconservazione e autocura.

-Comunicare apertamente ed efficacemente: Quando stabilisci limiti, è importante comunicarli chiaramente e direttamente agli altri. Sii assertivo nelle tue comunicazioni, spiegando le tue esigenze e aspettative in modo rispettoso e comprensivo.

-Riconoscere e rispettare i limiti altrui: Così come è importante stabilire i propri limiti, è altrettanto importante riconoscere e rispettare i limiti degli altri. Cerca di essere empatico e comprensivo nei confronti delle esigenze e delle priorità altrui, e cerca di evitare di sovraccaricare gli altri con richieste irragionevoli.

-Praticare l'autocompassione: Quando stabilisci limiti, è importante trattare te stesso con gentilezza e compassione. Riconosci che non sei perfetto e che potresti incontrare resistenza o difficoltà nel far rispettare i tuoi limiti. Perdona te stesso per gli eventuali errori e continua a lavorare per migliorare la tua capacità di stabilire e mantenere limiti sani.

-Monitorare e aggiustare i limiti nel tempo: I limiti possono cambiare nel corso del tempo a seconda delle circostanze e delle esigenze personali. È importante monitorare periodicamente i tuoi limiti e apportare modifiche se necessario per garantire che continuino a sostenere il tuo benessere e la tua crescita personale.

Stabilire limiti sani può aiutare a ridurre il pensiero eccessivo, poiché permette di concentrarsi su ciò che è veramente importante e riduce il sovraccarico di responsabilità e impegni.

Inoltre, stabilire limiti sani nelle relazioni personali e professionali può contribuire a ridurre il pensiero eccessivo e lo stress legato ai conflitti interpersonali. Comunicare chiaramente le proprie aspettative e i propri bisogni agli altri può aiutare a prevenire malintesi e tensioni che possono alimentare il pensiero eccessivo.

È importante anche stabilire limiti nel consumo di informazioni e nella tecnologia, in quanto l'esposizione eccessiva a notizie, social media e altre fonti di informazione possono contribuire al pensiero eccessivo e all'ansia. Limitare il tempo trascorso su dispositivi elettronici e stabilire momenti di "disconnessione" regolari può aiutare a promuovere un migliore equilibrio tra vita digitale e vita reale, e a ridurre il pensiero eccessivo legato all'overload di informazioni.

Infine, stabilire limiti nel tempo dedicato al lavoro e alle attività extralavorative può aiutare a creare un equilibrio tra la vita lavorativa e quella personale e a prevenire il burnout. Pianificare momenti regolari di pausa, di svago e di autocura può contribuire a ridurre il pensiero eccessivo e a promuovere il benessere generale.

In sintesi, stabilire limiti sani è un'importante strategia per ridurre il pensiero eccessivo e promuovere il benessere mentale ed emotivo. Imparando a stabilire e far rispettare i propri limiti, si può creare un equilibrio tra le diverse sfere della vita e proteggere il proprio benessere e la propria soddisfazione personale. Unendo questa pratica ad altre tecniche e strategie di benessere, si può

combattere il pensiero eccessivo in modo più efficace
e sostenere una vita più equilibrata e appagante.

Creare una routine di sonno: Il sonno è essenziale
per il benessere mentale ed emotivo, e dormire a
sufficienza può ridurre la tendenza al pensiero
eccessivo. Creare una routine di sonno che includa un
orario regolare per coricarsi e svegliarsi, evitare l'uso
di dispositivi elettronici prima di dormire e creare un
ambiente di riposo confortevole può aiutare a
migliorare la qualità del sonno e a ridurre il pensiero
eccessivo.
Creare una routine di sonno sana ed efficace è un
metodo importante per ridurre il pensiero eccessivo
e migliorare il benessere generale. Un sonno
adeguato e di qualità è essenziale per il
funzionamento ottimale del cervello, la regolazione
dell'umore e la gestione dello stress. Una routine di
sonno sana può aiutare a prevenire l'insonnia e altri
disturbi del sonno che possono contribuire al
pensiero eccessivo e all'ansia.
Ecco alcuni suggerimenti per creare una routine di
sonno efficace per ridurre il pensiero eccessivo:
-Stabilire un orario regolare: Andare a letto e
svegliarsi ogni giorno alla stessa ora, anche nei fine

settimana, aiuta a regolare l'orologio biologico del corpo e a promuovere un sonno di qualità.

-Creare un ambiente di sonno confortevole: Assicurarsi che la camera da letto sia fresca, silenziosa e buia, e che il letto sia comodo. L'uso di tende oscuranti, mascherine per gli occhi e tappi per le orecchie può contribuire a creare un ambiente favorevole al sonno.

-Limitare l'esposizione alla luce blu: Evitare l'uso di dispositivi elettronici, come smartphone, tablet e computer, almeno un'ora prima di andare a letto. La luce blu emessa da questi dispositivi può interferire con la produzione di melatonina, l'ormone del sonno, rendendo più difficile addormentarsi. Se non se ne può fare a meno, utilizzare i filtri per la luce blu presenti in quasi tutti i dispositivi di nuova generazione.

-Sviluppare una routine pre-sonno rilassante: Creare una routine serale che aiuti a rilassarsi e a prepararsi al sonno, come fare il bagno, leggere un libro, praticare tecniche di rilassamento o meditazione. Questo segnale al cervello che è il momento di rallentare e prepararsi per il riposo.

-Evitare stimolanti prima di dormire: Limitare il consumo di caffeina, nicotina e alcol nelle ore serali, in quanto questi stimolanti possono interferire con la qualità del sonno.

-Fare esercizio fisico regolarmente: L'attività fisica può aiutare a migliorare la qualità del sonno e a ridurre il pensiero eccessivo. Tuttavia, evitare di fare esercizio intenso nelle ultime ore della giornata, in quanto può stimolare il corpo e rendere più difficile addormentarsi.

-Praticare tecniche di rilassamento e gestione dello stress: Imparare e praticare tecniche come la respirazione profonda, la meditazione e il rilassamento muscolare progressivo può aiutare a ridurre il pensiero eccessivo e a promuovere un sonno migliore.

-Limitare i pisolini durante il giorno: Sebbene un breve pisolino possa essere rigenerante, dormire troppo durante il giorno può interferire con il sonno notturno. Se si sente la necessità di fare un pisolino, limitarlo a 20-30 minuti e evitarlo nelle ore serali.

Seguendo questi suggerimenti e creando una routine di sonno sana ed efficace, è possibile ridurre il pensiero eccessivo e migliorare la qualità del sonno. Un sonno adeguato e di qualità è fondamentale per la salute mentale ed emotiva e può contribuire a ridurre lo stress, l'ansia e il pensiero eccessivo che possono

interferire con il benessere e la produttività
quotidiana.

Inoltre, una buona routine di sonno può aiutare a
rafforzare la memoria e la concentrazione, migliorare
la creatività e la capacità di risolvere i problemi e
sostenere il sistema immunitario e la salute fisica.
Mantenere una routine di sonno sana può essere un
potente strumento per affrontare il pensiero
eccessivo e promuovere un maggiore benessere
generale.

È importante notare che, se nonostante l'adozione di
una routine di sonno sana si continuano a
sperimentare problemi di sonno o pensieri eccessivi
che interferiscono con la vita quotidiana, potrebbe
essere utile consultare un professionista della salute
mentale o un medico per una valutazione e un
eventuale supporto terapeutico.

In sintesi, creare una routine di sonno sana ed
efficace è un metodo importante per ridurre il
pensiero eccessivo e migliorare il benessere generale.
Implementando buone abitudini di sonno e
praticando tecniche di rilassamento e gestione dello
stress, è possibile migliorare la qualità del sonno e
ridurre l'ansia e il pensiero eccessivo che possono

interferire con la vita quotidiana e il benessere
personale.

Connettersi con gli altri: Le relazioni sociali e il
sostegno degli altri possono essere un potente
antidoto al pensiero eccessivo. Condividere le
preoccupazioni e i pensieri con gli amici, i familiari o
un terapeuta può aiutare a mettere le cose in
prospettiva e a trovare soluzioni ai problemi. Inoltre,
passare del tempo con gli altri e impegnarsi in attività
piacevoli e rilassanti può contribuire a ridurre lo
stress e a distogliere l'attenzione dai pensieri
negativi.
Connettersi con gli altri è un'importante strategia per
ridurre il pensiero eccessivo e migliorare il benessere
mentale ed emotivo. Le relazioni interpersonali
forniscono supporto emotivo, opportunità per
condividere esperienze e problemi e aiutano a
combattere sentimenti di solitudine e isolamento,
che possono contribuire al pensiero eccessivo e
all'ansia.
Ecco alcuni suggerimenti per connettersi con gli altri
come rimedio per ridurre il pensiero eccessivo:
-Mantenere relazioni significative: Coltivare relazioni
solide e significative con amici, familiari, colleghi e

vicini può fornire un senso di appartenenza e di supporto sociale. Queste relazioni possono offrire un'ancora di salvezza durante i periodi di stress e di pensiero eccessivo e possono aiutare a mettere in prospettiva i problemi e le preoccupazioni.
-Comunicare apertamente: Condividere i propri pensieri, sentimenti e preoccupazioni con persone di fiducia può aiutare a ridurre il pensiero eccessivo. La comunicazione aperta e onesta può contribuire a far sentire meglio e a trovare soluzioni ai problemi.
-Ascoltare attivamente gli altri: Ascoltare attentamente gli altri e mostrare empatia e comprensione per le loro esperienze può rafforzare le relazioni interpersonali e ridurre il pensiero eccessivo. Sentirsi compresi e sostenuti può contribuire a ridurre l'ansia e il pensiero eccessivo.
-Partecipare a gruppi di supporto o di auto-aiuto: Unirsi a gruppi di supporto o di auto-aiuto per condividere esperienze, sfide e strategie di coping può aiutare a ridurre il pensiero eccessivo e a sviluppare un senso di solidarietà e sostegno reciproco.
-Svolgere attività sociali e di volontariato: Partecipare ad attività sociali, ricreative o di volontariato può offrire opportunità per interagire con gli altri e creare

nuove amicizie. Queste attività possono anche aiutare a ridurre lo stress e il pensiero eccessivo, contribuendo a un maggiore benessere generale.

-Imparare a gestire i conflitti interpersonali: Conflitti e tensioni nelle relazioni interpersonali possono contribuire al pensiero eccessivo e all'ansia. Imparare a gestire i conflitti in modo sano e costruttivo, attraverso la comunicazione assertiva, l'ascolto attivo e la negoziazione, può contribuire a prevenire il pensiero eccessivo e a migliorare la qualità delle relazioni.

-Coltivare la gratitudine e l'apprezzamento: Focalizzarsi sugli aspetti positivi delle relazioni interpersonali e mostrare gratitudine e apprezzamento per gli altri può contribuire a ridurre il pensiero eccessivo e a promuovere il benessere emotivo.

In sintesi, connettersi con gli altri è una strategia efficace per ridurre il pensiero eccessivo e migliorare il benessere mentale ed emotivo. Le relazioni interpersonali svolgono un ruolo cruciale nel fornire supporto emotivo, ridurre lo stress e l'ansia, e promuovere una maggiore resilienza di fronte alle sfide della vita. Mantenere relazioni sane e soddisfacenti può contribuire a creare un ambiente di

sostegno e comprensione che aiuta a combattere il
pensiero eccessivo e ad affrontare i problemi in modo
più efficace.

Inoltre, impegnarsi in attività sociali e di volontariato
può aiutare a sviluppare nuove competenze, a
coltivare un senso di appartenenza e a migliorare
l'autostima. Queste esperienze possono offrire un
senso di scopo e di realizzazione personale, che può
contribuire a ridurre il pensiero eccessivo e a
promuovere un maggiore benessere generale.

Infine, è importante ricordare che, sebbene
connettersi con gli altri sia una strategia efficace per
ridurre il pensiero eccessivo, è anche importante
praticare l'autocura e dedicare tempo a se stessi.
Trovare un equilibrio tra il tempo trascorso con gli
altri e il tempo dedicato alle proprie esigenze e
interessi personali è fondamentale per il benessere
generale e la riduzione del pensiero eccessivo.
Incorporando la connessione con gli altri nelle
strategie per combattere il pensiero eccessivo, è
possibile creare un ambiente di supporto e
comprensione che favorisca un maggiore benessere
mentale ed emotivo.

Focus sulle soluzioni: Il pensiero eccessivo spesso riguarda preoccupazioni e paure riguardo al futuro o ai problemi irrisolti. Invece di rimuginare su ciò che potrebbe andare storto, concentrarsi sulle soluzioni e su ciò che si può controllare può aiutare a ridurre il pensiero eccessivo. Quando si affronta un problema, chiedersi quali azioni si possono intraprendere per risolverlo o gestirlo e poi mettere in atto un piano d'azione.

Focalizzarsi sulle soluzioni piuttosto che sui problemi può essere un rimedio efficace per ridurre il pensiero eccessivo e promuovere una maggiore salute mentale ed emotiva. Concentrarsi sulle soluzioni aiuta a spostare l'attenzione dai pensieri negativi e dalle preoccupazioni verso l'azione e il progresso, incoraggiando un atteggiamento proattivo e ottimista. Di seguito sono elencati alcuni suggerimenti per sviluppare un approccio orientato alle soluzioni:

-Identificare il problema: Il primo passo per passare da un pensiero eccessivo a un approccio orientato alle soluzioni è identificare chiaramente il problema o la situazione che provoca ansia o preoccupazione. Definire il problema in modo specifico e concreto può aiutare a concentrarsi su ciò che può essere fatto per risolverlo.

-Analizzare le risorse disponibili: Prendere in considerazione le risorse personali, come competenze, conoscenze e reti di supporto, che possono essere utilizzate per affrontare il problema. Riconoscere le proprie risorse può aumentare la fiducia nelle proprie capacità di trovare soluzioni.

-Generare diverse soluzioni: Brainstorming e generare una lista di possibili soluzioni al problema. Cerca di essere creativo e di pensare "fuori dagli schemi". Non preoccuparti di valutare le soluzioni in questa fase; l'obiettivo è generare quante più idee possibili.

-Valutare le soluzioni: Una volta che si dispone di una lista di possibili soluzioni, valutarle in base alla loro fattibilità, efficacia e impatto sul problema. Selezionare una o più soluzioni che sembrano promettenti e che si adattano alle proprie circostanze e risorse.

-Creare un piano d'azione: Sviluppare un piano d'azione dettagliato per implementare le soluzioni scelte, includendo obiettivi specifici, azioni concrete e scadenze. Un piano d'azione fornisce una struttura e una guida per affrontare il problema in modo sistematico e consapevole.

-Monitorare i progressi e aggiustare il piano: Mentre si lavora al piano d'azione, monitorare i progressi e valutare l'efficacia delle soluzioni implementate. Se necessario, apportare modifiche al piano e adattare le soluzioni per ottenere i migliori risultati possibili.
-Celebrare i successi: Riconoscere e celebrare i progressi e i successi nel risolvere il problema. Questo rafforza la fiducia nelle proprie capacità e incoraggia ulteriori sforzi orientati alle soluzioni in futuro.
Concentrandosi sulle soluzioni piuttosto che sui problemi, è possibile ridurre il pensiero eccessivo e aumentare la sensazione di controllo e competenza nella propria vita. Un approccio orientato alle soluzioni favorisce l'azione, la creatività e l'ottimismo, aiutando a superare le sfide e a migliorare il benessere generale.

Praticare la gratitudine: La ricerca suggerisce che la gratitudine può avere un impatto positivo sul benessere emotivo e può aiutare a ridurre il pensiero eccessivo. Prendersi del tempo ogni giorno per riflettere su ciò per cui si è grati può contribuire a promuovere un senso di benessere e a ridurre l'attenzione su ciò che manca o su ciò che potrebbe andare storto.

La gratitudine consiste nel riconoscere e apprezzare gli aspetti positivi della propria vita, come le esperienze, le persone e le opportunità che ci circondano. Concentrarsi sulla gratitudine può aiutare a spostare l'attenzione dai pensieri negativi e dalle preoccupazioni verso un atteggiamento di apprezzamento e gioia per ciò che si ha.

Ecco alcune strategie per praticare la gratitudine e ridurre il pensiero eccessivo:

-Tenere un diario di gratitudine: Dedicare qualche minuto ogni giorno a scrivere nel proprio diario di gratitudine, elencando almeno tre cose per cui si è grati. Questa pratica può aiutare a focalizzare l'attenzione sugli aspetti positivi della vita e a sviluppare un atteggiamento di apprezzamento.

-Esercizio della gratitudine quotidiana: Prendersi del tempo ogni giorno per riflettere su ciò che si è grati nella propria vita. Questo può essere fatto in qualsiasi momento della giornata, ad esempio mentre si è in attesa di un autobus, durante una pausa caffè o prima di addormentarsi.

-Condividere la gratitudine con gli altri: Condividere con gli altri le proprie esperienze di gratitudine e ascoltare le loro storie può rafforzare le relazioni e promuovere un senso di connessione. Inoltre, esprimere apprezzamento e riconoscimento per gli altri può avere un impatto positivo sia su di loro che su di noi.

-Praticare la meditazione sulla gratitudine: La meditazione sulla gratitudine consiste nel concentrarsi su ciò per cui si è grati e nel coltivare un profondo senso di apprezzamento e contentezza. Questa pratica può aiutare a ridurre il pensiero eccessivo, l'ansia e lo stress, e a promuovere un maggiore benessere mentale ed emotivo.

-Creare rituali di gratitudine: Stabilire rituali quotidiani di gratitudine, come dire grazie prima di mangiare, riconoscere le piccole gioie della giornata o esprimere apprezzamento per le persone care, può rafforzare la pratica della gratitudine e renderla parte integrante della vita quotidiana.

-Sviluppare un atteggiamento di gratitudine: Sforzarsi di adottare un atteggiamento di gratitudine in ogni situazione, anche nelle circostanze difficili o sfidanti. Cercare di trovare aspetti positivi o opportunità di apprendimento in ogni esperienza può aiutare a ridurre il pensiero eccessivo e a promuovere una maggiore resilienza.

Praticare la gratitudine può avere numerosi benefici

per la salute mentale ed emotiva, tra cui ridurre il
pensiero eccessivo, aumentare la felicità, migliorare
la qualità delle relazioni interpersonali e promuovere
una maggiore resilienza di fronte alle sfide della vita.
Inoltre, la ricerca ha dimostrato che praticare la
gratitudine regolarmente può portare a una maggiore
soddisfazione nella vita, a una migliore qualità del
sonno, a un aumento del senso di appartenenza e a
un'ottimizzazione della salute fisica.
Alcune strategie aggiuntive per approfondire la
pratica della gratitudine possono includere:
-Sperimentare diverse forme di espressione della
gratitudine: Esplorare varie modalità per esprimere la
gratitudine, come l'arte, la poesia, la musica o la
fotografia, può aiutare a connettersi con il senso di
apprezzamento in modi nuovi e creativi.
-Imparare da modelli di gratitudine: Identificare
persone nella propria vita o figure pubbliche che
incarnano la gratitudine e osservare come esprimono
apprezzamento e riconoscimento. Prendere spunto
da queste persone può ispirare e guidare la propria
pratica della gratitudine.
-Praticare la gratitudine in situazioni difficili: Anche
nei momenti di sfida e difficoltà, cercare di trovare
aspetti per cui essere grati. Questo può aiutare a

sviluppare una prospettiva più equilibrata e resiliente, contribuendo a ridurre il pensiero eccessivo e a gestire meglio lo stress e l'ansia.

-Estendere la gratitudine alla natura e all'ambiente circostante: Apprezzare la bellezza della natura e il valore delle risorse naturali può rafforzare il senso di gratitudine e favorire un maggiore rispetto e cura per l'ambiente.

-Praticare la gentilezza verso se stessi: Essere grati verso se stessi e riconoscere i propri sforzi, progressi e successi può aiutare a sviluppare una maggiore autostima e ad accettare le proprie imperfezioni con gentilezza e comprensione.

Incorporando la pratica della gratitudine nella propria vita quotidiana e impegnandosi in diverse strategie per esprimere e coltivare l'apprezzamento, è possibile ridurre il pensiero eccessivo e migliorare il benessere mentale ed emotivo. Un atteggiamento di gratitudine può contribuire a creare una vita più ricca, appagante e felice, offrendo una solida base per affrontare le sfide e le difficoltà con maggiore resilienza e ottimismo.

Implementando queste strategie e tecniche, è possibile ridurre il pensiero eccessivo e migliorare la qualità della vita, il benessere emotivo e la capacità di affrontare le sfide quotidiane con maggiore serenità e resilienza. Ricorda che il cambiamento richiede tempo e pratica; non scoraggiarti se non vedi risultati immediati. La chiave per liberarsi dal pensiero eccessivo è la costanza e la pazienza. Continua a lavorare su queste strategie e, nel tempo, noterai miglioramenti nel tuo modo di pensare e nel tuo benessere generale.

È importante anche riconoscere che ciò che funziona per una persona potrebbe non funzionare per un'altra. Sperimenta diverse strategie e tecniche per scoprire quali sono più efficaci per te. Se trovi che stai lottando per fare progressi da solo, considera di cercare il sostegno di un professionista della salute mentale, come un terapeuta o uno psicologo, che può fornirti ulteriori strumenti e risorse per affrontare il pensiero eccessivo.

Inoltre, è fondamentale essere compassionevoli con se stessi durante questo processo di cambiamento. Riconosci che il pensiero eccessivo è un'abitudine che si è sviluppata nel tempo e che richiede tempo e sforzi per essere modificata. Tratta te stesso con gentilezza e comprensione mentre lavori per liberare la tua mente dal pensiero eccessivo e ricorda che sei degno di vivere una vita felice e serena, libera dai pensieri negativi e oppressivi.

In conclusione, le strategie e le tecniche presentate in questo capitolo forniscono una base solida per iniziare il percorso verso la libertà dal pensiero eccessivo. Continuando a praticare queste abilità e adattandole alle tue esigenze e circostanze personali, potrai gradualmente liberare la tua mente dai pensieri negativi e ossessivi e goderti una maggiore pace mentale, resilienza e benessere.

CONCLUSIONE

Il potere di lasciar andare il pensiero eccessivo e abbracciare l'azione

Il pensiero eccessivo può essere un ostacolo significativo alla felicità, al successo e al benessere generale. Può portare a problemi come l'ansia, la depressione, l'insonnia e le difficoltà nelle relazioni interpersonali. Tuttavia, come abbiamo visto nel corso di questo libro, esistono numerose strategie e tecniche che possono aiutare a ridurre il pensiero eccessivo e promuovere una vita più appagante e significativa.

Abbiamo esplorato le cause e le caratteristiche del pensiero eccessivo, offrendo una comprensione approfondita dei processi cognitivi e delle dinamiche emotive che possono alimentare questa tendenza. Comprendere le origini del pensiero eccessivo è il primo passo per imparare a gestirlo e a sviluppare strategie di coping efficaci.

Inoltre, abbiamo esaminato una serie di strumenti e tecniche che possono aiutare a liberare la mente dal pensiero eccessivo e a adottare un approccio più equilibrato e centrato sulle soluzioni. Tra questi strumenti, abbiamo discusso della ristrutturazione cognitiva, che aiuta a identificare e sfidare i pensieri negativi e irrazionali che possono alimentare il pensiero eccessivo. Abbiamo anche affrontato l'importanza della mindfulness e della meditazione nel promuovere la consapevolezza e l'accettazione del presente, fornendo un antidoto al pensiero eccessivo e alla preoccupazione per il futuro. Altre strategie che abbiamo esplorato includono l'esercizio fisico, che può offrire numerosi benefici per la salute mentale e contribuire a ridurre il pensiero eccessivo, e la gestione del tempo e la pianificazione, che possono aumentare la sensazione di controllo e competenza nella propria vita. Abbiamo anche discusso di tecniche di rilassamento, stabilire limiti, creare una routine di sonno, connettersi con gli altri, focalizzarsi sulle soluzioni e praticare la gratitudine come rimedi efficaci per ridurre il pensiero eccessivo e migliorare il benessere generale. Nella conclusione di questo libro, vogliamo sottolineare l'importanza di abbracciare l'azione come chiave per superare il pensiero eccessivo. Anziché rimanere intrappolati in un ciclo di preoccupazioni, paure e dubbi, è fondamentale passare all'azione e affrontare i problemi e le sfide con un atteggiamento proattivo e determinato. Quando ci si concentra sull'azione e sul progresso, si diventa più resiliente di fronte alle difficoltà e si acquisisce una maggiore fiducia nelle proprie capacità di affrontare le sfide della vita.

Per abbracciare l'azione e smettere di pensare troppo, è importante sviluppare una mentalità di crescita, che incoraggia l'apprendimento, l'adattamento e lo sviluppo personale. Questo implica riconoscere che gli errori e le difficoltà fanno parte del processo di crescita e che è possibile imparare da queste esperienze per diventare persone migliori e più sagge. Inoltre, è fondamentale coltivare l'autocompassione e il perdono, sia per sé stessi che per gli altri, poiché questo può aiutare a liberarsi dalla tendenza a rimuginare sul passato e a concentrarsi su ciò che è realmente importante nella vita.

Per superare il pensiero eccessivo, è altresì essenziale imparare a vivere nel presente e ad apprezzare il momento presente. Questo può essere fatto praticando la mindfulness e la meditazione, nonché prestando attenzione alle piccole gioie e ai momenti di connessione che arricchiscono la nostra vita quotidiana. Inoltre, è importante coltivare la gratitudine e riconoscere le cose per cui siamo grati, poiché questo può contribuire a sviluppare un atteggiamento di apprezzamento e di gioia per ciò che abbiamo.

Infine, è cruciale circondarsi di persone positive e di sostegno che condividano i nostri valori e incoraggino i nostri sforzi per superare il pensiero eccessivo. Le relazioni sane e nutrienti possono fornire una rete di sostegno vitale per affrontare le sfide della vita e per promuovere la crescita personale e lo sviluppo.
In conclusione, questo libro fornisce un'ampia gamma di strumenti e tecniche per affrontare e superare il pensiero eccessivo. Tuttavia, la chiave per liberarsi da questa tendenza nociva è abbracciare l'azione e concentrarsi sul progresso piuttosto che sulla perfezione. Quando impariamo a vivere nel presente, a coltivare la gratitudine e a circondarci di persone positive, possiamo superare il pensiero eccessivo e creare una vita ricca, appagante e felice. Ricorda che il cambiamento e il progresso richiedono tempo e impegno. La pratica costante e la dedizione alle strategie presentate in questo libro ti aiuteranno a gestire il pensiero eccessivo e a vivere una vita più serena e centrata. Sii paziente con te stesso nel processo e celebra ogni piccolo successo lungo il percorso. La tua mente è un potente alleato nel tuo viaggio verso il benessere e la felicità, e con gli strumenti e le conoscenze acquisite in questo libro, sei pronto a smettere di pensare troppo e a iniziare a vivere la vita che desideri.

Voglio ringraziarti per essere arrivato fin qui e per aver dato un'opportunità a questo piccolo manuale acquistandolo. Non esitate a contattarmi per qualsiasi motivo, o dubbio, o consiglio, o anche solo per un saluto. Ti lascio il mio indirizzo email. E se il libro ti è piaciuto e ti è stato utile in qualche modo, lascia un voto su Amazon. Il tuo feedback è prezioso e può aiutarmi a fornire prodotti di qualità superiore.

Con affetto: Elaine
Miller

rising2dreamy@gmail.com